사진_ selfie

이미숙

나비 포옹

애지시선 091

나비 포옹

2020년 9월 10일 초판 1쇄 발행

지은이 이미숙
펴낸이 윤영진
기획편집 함순례
홍 보 한천규
펴낸곳 도서출판 애지
등록 제 2005-000005호
주소 34570 대전광역시 동구 대전천북로 12
전화 042 637 9942
팩스 042 635 9941
전자우편 ejiweb@hanmail.net

ISBN 978-89-92219-92-1 03810

* 이 책은 대전광역시, (재)대전문화재단에서 사업비 일부를 지원받았습니다.

애지시선091

나비 포옹

이미숙 시집

시인의 말

삶이라는 게
등에 꽂 한 짐
우레 한 동이 이고 가는 거라
시원하게 웃지도 못하고
발끝으로 걷다가
풀잎 다녀가시는 바람에
속속들이 앓다가 흔들리다가
막다른 길목에 이르러서는
나를 배웅하기도 하며
새로이 맞이하기도 하며……

그럼에도 불구하고
내게 세상은
온통 놀이터라는 것

2020년 여름, 선유도에서
이미숙

■ 차례

제2부

제3부

제4부

〈일러두기〉

*본문에서 〉는 '단락 공백 표시'로 한 연이 새로 시작된다는 표시이다.

제1부

강의 등이 휜 까닭은

돌을 던졌지
바람 거세다고
비 내린다고
욕심껏 세상을 넘지 못하여
채송화처럼 엎디어 울다
돌이나 던졌지

다 받아먹고
다 받아먹고

길고 긴
슬픔에 눈 밝은 초록뱀처럼
오냐, 그래, 괜찮다
온통 몸 기울여
천 개의 젖 물리느라
강의 등이 자꾸만 휘어지는 것이었지

1초 간

지구별에서는
아기 넷이 다른 지문을 갖고 태어나고
싹을 틔우기 위해
흙 속에 발을 묻는 사람도 있지
핫도그 5백 5십 개를 먹어치우고
백 번도 넘게 번개 다녀가는 동안
어둡고 갑갑해도
그냥 기다리는 거지
꽃을 피우려면
햇살과 바람과
한 모금 눈물이 필요해
서로 주고받는 이메일이 2억 개
꿀 따는 벌들의 날갯짓이 2백 번
벌레 든 꽃잎을 떼어내는 데 걸리는 시간
나의 하루는 8만 6천 4백초
싹을 틔우고
꽃을 피우고

그 꽃의 한 생을 기록하기 위해
목을 가다듬어 맵시 있게
한 음절 신음 소리를 만들어낼 뿐
끙,
순간
또 다음 순간에도

민들레꽃 피다, 지다

팥거리장 지나는 길 어디였다지 아마
갸가 사방팔방 안 돌아댕기는 데가 있으야지
밀가루 배급 받아 어미가 끓여준
수제비 한 그릇 맛나게 먹고
지 이빨맨치나 누런 민들레꽃 따러 간다고 나간 게
그게 마지막이었댜
어쩌다 거기까지 갔는지는 아무도 몰러
이십 리 길은 족히 될 텐디
앞산 꼭대기까지 올라가
멀리서 시커먼 괴물같이 생긴 것이
하얀 콧김 뿜으며 쿨렁쿨렁 달리는 걸 보믄
환장하게 좋아했었다네
팔 한 짝은 아직 못 찾었다지
개짐 추단도 못하는 처녀가
그 소갈머리 없는 천치가
글씨, 민들레처럼 귀를 바싹 대고
선로 가운데 엎디어 있다가

난생 처음 기차 한번 타보고 싶었던 거여
논둑에서 찾아낸 바른손에 민들레꽃
열아홉 나이처럼 온통 다홍빛이 되었더랴

아주 잠시 머물다
팔거리장 서던 계룡역 지나
기차 한 대,
삼십 년 옛 이야기 속을
슬그머니 빠져나가고 있다

그냥 가자

어느 날은 아들과 장보러 가다
장볼 일 따위 까맣게 잊고
화원 앞에 쪼그려 앉아
치자나무를 보는 거지

분명코 구경만 하리란 걸
다 안다는 듯
팔짱을 끼고 서서
꽃처럼 쪼그려 앉은 나를
글쎄, 향기에 쪼그라들고 있는 나를
물끄러미 내려다보다 녀석
한마디 하는 거지

그냥 가자,

하지만 나는 오랫동안
치자꽃을 편애해왔는지도 몰라

커다란 리본이 달린
월급 받았다고 예쁘다고
저가 사 준 파란 벨벳 운동화
신발코 위로 아득히
아득히 내려앉는
하양의 치자꽃 향기

나로서는 사납게만 들리는
그냥 가자는 말,
활짝 놀라 신발을 털고 일어나보지만
리본을 풀어 묶어 놓은 듯
밈칫밈칫 내 뒤를 따라오는 한 줄기
하양의 치자꽃 향기

유천동 소묘

해가 뜨고 해가 지고
다시 아무렇지도 않게 늦은 해가 뜨면
희고 가느란 여자들이 하늘하늘 쏟아져 나왔다
좁은 길 사이에 두고 배드민턴 깃털 셔틀콕
펑퍼짐한 여인숙 여주인의 욕설처럼 날아올랐다
라켓 흔들 때마다 치렁거리는
얇은 슬립 레이스 자락들
간혹 비어져 나오는 핑크빛 유두가 서늘해 보였다
버드나무 푸른 머리칼 속에 파묻혀
앳된 군복의 청년은 저 혼자 그 짓이었다
오후 네 시가 되면 쇼 케이스의 여자들
색색의 꽃으로 피어나고
한밤의 거래를 기다리며
유리문 안쪽에서 더욱 또렷해졌다
골목마다 도깨비불들이 날아다니고
은밀한 사연들만큼이나 바람도 빼곡했다
택시를 몰며 유천동 손님을 실어 나르던 오빠는

어디에다인지 꾹꾹 눌러 고발장을 써 놓고 뒤척였다
뭐라 뭐라 호통을 치듯 잠꼬대를 하다가는
엎드려 셜록 홈즈를 읽고 있던 나를 와락 끌어안았다
'나폴레옹 흉상'이 네 개째 부서지는 페이지에서였다

꽃들은 뿔뿔이 흩어지고
아틀란티스처럼
지금은 사라진 전설이 되었다

사라진 약속

태양은 지구의 백 배 만큼 크고
안타레스는 태양의 7백 배

오후의 약속이 자꾸 밀리고 있다

목성의 반지름은 지구 열 배가 넘고
태양의 반지름은 목성 열 배
시리우스, 아르크투루스, 베텔게우스
태양에서 해왕성까지 모두 삼키고도 남을
초거대 블랙홀

우주 속 나의 크기는?
티끌만큼도 안 되겠지만

내가 없으면
티끌도 못 되는 내가 없으면
너라는 우주도 없고

9천 5백 광년 너머
방패자리 UY별도 없다

그늘은 더욱 품이 커지고
밤은 어디를 짚어도 난간이다

식은 찻잔으로 신문지 눌러놓고
서성이며 나에게 당부하며
조금만 더, 시공을 볼모로
전인미답의 문장을 찾아다니는 사이

너는 말머리성운으로 왔다 간 거니?
너무 큰 울림은 소리가 없고
너무 큰 모습은 보이지 않는다 했으니

첫사랑

벼랑 끝에 무리 진 들꽃 따러 갔다가 물에 빠져 도리 없이 고무신 한 짝 겨우 건져 신고는 기왕 젖은 치마폭이라 동글동글 공깃돌 주워 집으로 돌아가는 길 연분홍 깨꽃 속에 웅크린 초록 벌레 한 마리 붙잡아 콱 깨무는 징그런 상상이나 하면서 늙은 금줄 걸린 그 애네 사립문 부러 돌아서 막다른 골목으로 반은 자란 햇닭이나 몰고 있는데 수줍은 그 애 역시 숨어 나를 보다가 그만 눈 마주쳐 볼 붉어졌던, 간질간질 목덜미 위로 날아든 순백의 깃털 같은

생활

빈 항아리처럼
종일 가부좌를 틀고 앉아
반짝이는 햇살을 담고
공터 거들먹거리는 바람과
청량한 아이들 웃음소리를 담고
종내는 다글다글 고요만 끓고 있는
내 집,
두 팔 쑥 넣어
항아리 속 고요를 꺼내주려
잠시 집에 들렀다가
붙잡아 한 몸 되어 놀다가
내버려두고
나는 또 나간다

한 손으로 소리를 짓는 사람
— 이삼 스님에게 부쳐

구멍은 허무가 아니다
한 손으로 대금을 만드는
그에게는 오른손이 구멍이다
꽤 깊다

대나무는 어엿하지 않아도
괜찮다
지공指空 사이 거리는
한 치 오차도 허락하지 말 것
걸걸하고 쉰 목소리면
버린다

어둠을 가르는 풍경 소리
대숲을 흔드는 바람에
여인의 옷자락 끌리는 소리
물처럼 내경에 터 잡으면

우연일까,

풀숲을 헤매던 뱀
묵은 허물을 벗고
늘상 배앓이 하던 아랫목의 누이도
낯을 씻고 일어나 보얗게 웃는데

꽉 찬 구멍으로부터
절절히 흘러나오는 이야기, 도道

이사

신문이 끊겼다

목줄 풀린 강아지는

뼈다귀를 던져줘도 시큰둥하다

버려진 물감통,

옆 백일홍이 더 붉어졌다

녹슨 트럭 꽁무니

햇살 한 줌 따라나설 기세지만

흰 수의를 입은 채

꽁꽁 묶인 그림들

다음 그 다음 이사가

벌써 걱정이다

푸른 고사리

한껏 몸
낮추어야 보이는 거라고

여린 꿈
미처 다 펼치지 못하고
도르르 말린
생의 모서리 어느 만큼

봄 언덕을
홀로
허리 굽히고
무릎 꿇어
그대가 보내온

그대가 끊어 보낸
한 움큼, 푸른 머리칼

새의 노래*

시간이 멈췄다 심연을 향해 팽팽하게 당겨놓은 파블로 카잘스의 비통한 목소리, 마디마디 절창이다 빈 들판으로 거친 산으로 마구 끌고 다닌다 숨이 차다 우듬지 너머 구름의 높이에서 목이 다 갈라져 찢기도록 호령호령하다가 조각조각 부서져 내려와 꽃에 무릎 꿇다가 스스로를 내친다 마침내 제가 토해버린 울음 다시 삼키며 새의 노래 더욱 깊어지고

다 걸어도 좋았다 매 순간 기꺼이 이끌려 다니다 바꿔치기 된 영혼 다가가 나는 그의 여인이 된다 위태롭게, 허공을 베고 누운 바람의 옆모습이 보인다 굵은 한숨처럼 파고드는 빗소리 새와 나와 뒤죽박죽 엉켜버린 시간들이 한 몸으로 흐르는데 이상하다 자유하다, 나를 끌어안은 첼리스트의 미세한 손가락의 떨림 장미다 쓰레기다 결국 하나다

새는 안다 하늘의 속살을 관통하여 높이 날기 위해서는 두 날개가 균형을 이루어야 한다는 것 숲을 버리고 스스

로가 먼저 가벼워져야 한다는 것을

* '첼로의 성자'라 불리는 스페인의 파블로 카잘스 (1936~1973)가 자신의 고향 카탈루냐 지역의 민요를 편곡한 것.

가을 봄꽃

수상하다
모진 태풍 지나간 후
가을 제주에
꽃소식 파다하다

벚꽃 피고
자목련 봉오리도
더운 몸 열었다

가을날 맞이하는
어린 꽃들의 봄
비바람 속에서 더욱
다급해지는

일찍이 부모 여의고
방직공장이며
방문 판매원 전전하다

서둘러 혼인하여
자식 하나 흔적으로 남긴 그녀도
가을 봄꽃과 닮았다

제2부

생일

돌돌돌 개울 물소리 터지고

독한 볕 들고
백일홍 피어 지나가고

바람의 회초리에 잎 떨어져
어리마리 잠결에 궁싯거리다

토닥토닥 눈 내리면
고구마나 구워 먹어

집달리처럼 반가울 것 없는
화사花蛇 한 마리
조팝꽃 그늘 아래 똬리를 트는

한 해 돌아
또
그 자리

초대

베란다 창가에
의자 하나 내어놓았지요

어서 오세요,

흰 고양이 놀러와
우아하게 졸다 가고요

마뜩찮은 쌘비구름
소나기로 왔다 갑니다

돌미나리 가득 싣고
유모차를 밀고 나온 산 아래 할머니도
잠시 허리를 폅니다

저런, 책가방을 돌리며 집으로 가던 아이는
가방만 던져놓고 개미 뒤를 따라가네요

〉

산수유꽃 노란 점묘화를 그리는 봄부터
눈밭에 오목눈이 발자국 선명한 겨울까지

누구나 앉으면 주인이지요

어서 오세요,

봄밤, 긴 꿈

땅의 일상이 따분하기만 하여
자주 하늘을 올려다보는 버릇이 생겼지

한 날에 나를 많이 아는 김 교수가 뾰족하니 망루처럼 높은 집을 짓고 내가 어리고 가난할 때 몹시도 갖고 싶었던 허블 천체 망원경을 장만했다 자랑하기에 어디 별을 한번 크게 보자하고 들입다 달려갔더니 웬걸, 나와 마음 같은 사람이 많았던 거지 줄이 너무 길어 되돌아와야 했어

다음 날은 김 교수의 딸이 딸을 낳아 와서는 굴 속 같은 다락방을 칭얼대며 우는 아기에게 누워라, 하여 달래 재우고 저도 처음인 듯 요리조리 망원경을 만지작거리는데 도무지 별을 보기 좋게 못하는 거라 고소 공포증이 있는 내가 말이지, 온몸이 쭈뼛거리는데도 한참을 견뎠으나 어쩌겠어, 그냥 왔지 뭐

〉

도대체 별은 있기나 한 건지, 셋째 날에는 키 매우 작고 모르는 거 없는 송 교수가 단번에 별을 보여주겠다며 장담을 하대 플라톤의 이데아와 별의 상관관계에 대해 희랍말로 뭐라 뭐라 하는 걸 짐작으로만 들으며 기다리고 있었지 하지만 그날도 끝내 별을 볼 수는 없었어 글쎄, 말짱하던 하늘에서 갑자기 비가 내리기 시작했거든

비는 내려서
건장한 사내의 힘줄처럼
찔레 순이 불끈 튕겨져 나오고
화르르 벚꽃 지는 소리
시계 소리보다 더 크게 들리던
봄밤

빗방울 전주곡

비였다 멀쩡한 내 손목 잡아끈 것은 보고 싶다고 함께 라면을 먹자고 오후 내내 목련꽃 속살을 만지작거리던 봄비 무얼 할까, 마당귀 자주색 꽃등 불빛 휘어 들어와 불만스레 내 코트의 단추를 세어보는 저녁 비의 전신을 마주하면 그에게서처럼 뚝뚝 끊어지는 말의 마디마다 브론즈 냄새가 났다 처마 아래 발돋움하기 좋은 입술의 높이에서 빗방울들의 율동이 활발해졌다 자고 가, 숲을 건너온 빗소리 머리 위로 쏟아져 내리다 머뭇거리다 뒷걸음쳐 물러나고 내년에도 후년에도 봄비야 내릴 테지만 비에 이끌려 나왔다가 비로 서둘러 돌아 나오던 봄밤, 새들도 젖은 나무에서 브론즈 냄새를 맡으며 밤의 어깨에 기대어 하루만큼의 울음을 충전하고 있는 것이었다

사랑 1

너는 꽃 해

내가 꽃받침 할게

숲으로 말을 돌리다

사월이 오월이 뭉텅뭉텅 잘려나가고 있다
그러니 말머리를 숲으로 돌려 볼까

고집스런 나의 말은 좀체
주인의 말을 들으려 하지 않겠지만
게다가 눈까지 흐릿해져
숲으로 난 길 찾을 수나 있을지

흰 사과꽃 잠긴 웅덩이를 지나고
섶다리 건너
마침내 그곳에 다다르면
나는 나의 말을 풀어주고
숲의 시간 속으로 기어들어가
옷을 벗겠어
나무가 나무를 사랑할 수 있는 건
서로의 알몸이 부끄럽지 않기 때문
밤새 유쾌한 모의를 하며

말랑한 웃음도 나누겠어
딱따구리 한 마리 관자놀이를 쪼아대듯
내 오랜 편두통이 사라져버릴지도 몰라

능숙한 요리사처럼 봄은
내 마음을 칼질하고 두드려 다지고
저만치 물러서서 싱글거리고 있지만

고삐를 움켜쥐고도 아직
말의 엉덩이를 걷어차지 않는 건
더욱 더 간절해지기까지 기다리겠다는 것

분꽃 피는 저녁
— 후배에게

분꽃 핀다
누이야,
저녁쌀 씻어야지

꽃들은 피어서
저희끼리 볼 부비고
귀 간질여 웃다가
빨갛게 웃다가
동천에 해 오르면
까만 대못 하나씩 낳아

맞이하고 보내는
사람의 일도
가슴 한가득
못자국 남기는 거라
꽃처럼 지나가는 거라
〉

누이야, 살아서
너는 분꽃처럼 살아나서
별빛에 얼굴 씻고
단잠 자고 일어나
콩 심으러 가자야
팥 심으러 가자야

어떤 날

저 멀리서 길을 따라
이리로 오는 사람 하나

나를 못보고 지나가고
(내가 푸른 창문 안쪽에 살고 있으므로)

길 아닌 길에서 불쑥 나와
나를 남겨두고 가는 사람 둘
(내가 푸른 창문 안쪽에 살고 있는 게 맞나?
여기가 바깥은 아닌가?)

모르겠고,

아무 일도 일어나지 않아
뱀이라도 되고 싶은 날
쉬익 쉭 소녀들 겁도 한번 줘보고
독한 욕설 들으며

센 돌 맞아 피라도 흘리며
질질 끌려다니며
과녁을 향해 곧장 날지 못하는
징그러운 화살표

아무도 오지 않고
아무에게도 가지 않아

이 견고하고도 숨막히는

어름사니, 바우덕이*에 관한 추억

영산홍 한 무리
펄쩍 구름 위로 뛰어오르듯
허공에 몸 싣고
외줄 타며 간다

밥은 먹고 살자고
배운 것이 참 지랄맞다지만
남들 다 가는 길이 싫어
바람의 손목 잡으면
위태로울수록 더욱 더 흥이 나지

흔들리지 않으니
중심을 놓치기 일쑤라
땅바닥을 걷는 것이
오히려 불안한데

물처럼 아래로만 흘러도

뜻대로 되지 않는 세상살이
구차한 핑계도 노릇도
다 그만두고
훌훌 바람이나 될까 말까

저기 저,
꽃처럼 육탈한
붉은 영혼

* 바우덕이: 본명 박우덕. 조선시대 경기 안성 남사당패의 최초의 여성 꼭두쇠. 남사당 문화를 현재의 연예문화로 발전시킴.

일구네 세탁소

혼자서 할 일은 못 되야,

띠 동갑 남편 앞세운 후라 그녀만 나섰다
아파트 계단을 메아리가 먼저 걸어 내려온다
풀숲 발목 잡힌 방아깨비 같던 그녀
목소리가 제법 무르익은 복숭아 맛이다

둘둘 만 옷가지들 챙기며
손등으로 입을 가리며
그녀가 웃는다
빈 송곳니만큼 캄캄하다

들들들 재봉틀 돌아가는 자리마다
상처가 터졌다 줄었다 봉합되었다
뜨거운 날숨 닿는 곳마다 주름이 환해졌다
꼬깃꼬깃 접어둔 그녀의 속주름도 잠시 환해졌다

엄마, 저는 이 냄새가 싫어요.

도시락에서도 석유 냄새가 난다고
툴툴대던 일구
그런 날은 세탁소 앞 민들레꽃이
한층 납작해졌다

돈 많이 벌어 곧 모시러 갈게요,

일교차가 큰 반지하 살림살이
얼었다 풀어졌다
그녀 이마의 땀방울도 과즙처럼 단단하겠다
좁은 어깨 위로 아침 햇살 푸짐하겠다

플라스틱

밀양 가는 길목 휴게소
어질머리 딱딱한 강아지 한 마리
새빨갛게 꼬리를 치며
삐거덕거리며
빙글빙글 돌며

저 좀 사주세요, 힘들어 죽겠어요!

말도 지치는지
누런 마분지에 어눌한 글씨로만
그러나 간절하게

강아지를 내어놓은 주인은
아이스크림이나 빨며 짐짓 딴청이다
값을 묻지 않으니 홍정도 없다

확확 달아오른 여름날

밟고 밟히며
지나가는 그림자들
웃음소리들

나도 힘들어,
나도 좋은 값에 잘 팔렸으면 해, 킥킥

외딴집

내 안 깊숙이
외딴 빈집 하나 들여놓고
들며날며 살고 싶은 것이다

백일홍 코스모스 꽃잎 눌러
두 겹 창호지 발라 문을 내고

꼭 한 번만이라도
제 키를 넘고 싶은 채송화들
손수레 위로 삐걱이며
오종종 몰려 필 것이다

정갈한 마당 가득
햇살 내려와 앉고
누군가 그리워 칡넝쿨들은
날마다 조금씩
손을 내밀 것이다

〉

새들이 놀다 놀다 지쳐
씨앗 하나 누고 가면
까슬한 이파리 속에
개똥참외 몇 노랗게 뒹구는

이런 집을 알고 있다
이런 집이 자라고 있다

가끔은 아주 가끔은
발자국 소리 먼
기억의 틈으로
물처럼 흘러들고 싶은 집

겨울 바다에서

겨울 바다에 서면
왜, 가슴팍에 끌어안는 것보다
지워야 할 것들이 더 많은가

바다는 캄캄하고
바다는 말이 없고

어깨를 흔드는 바람 저 너머
포도밭을 건너온 눈송이들
벌떼처럼 황홀하게 빠져 죽는다

가까우면 보이지 않는 거라고
사랑도 사람도 흘러가는 거라고
밀려왔다 밀려가는 파도처럼
넓고 푸른 포도나무 잎사귀와
마침내 그 열매마저 지나가듯이
〉

겨울 바다에 서서
누에 눈처럼 또렷해지는
생각들을 지우고
발자국들을 지우고

멀리
새벽안개 가르며 들어오는
고깃배 한 척
만선의 깃발이 높다

풀잎처럼

러시아, 먼 이국땅에 와서
풀잎처럼 새파란
단발머리 가시내로 나는 돌아가
무른 눈
긴 속눈썹 한 올 뽑아
자작나무 숲길
반짝이는 조약돌 사이에 얹어놓고
풀잎을 묶어 두어
나를 몰래 묶어 두어
어뜩비뜩 멋모르고 그 길 지나는
부랴트 사람* 발목을 낚아
이 슬픔의 다래끼 다 옮겨가라,
어리석은 주문을 외다가
내 꾀에 내가 넘어가
그냥 웃고 말았습니다

* 바이칼호 남쪽과 서쪽에 사는 몽골족

제3부

변증법에 기대어

연인은 몸도
마음도 하나이다

너와 내가 연인이라면
너는 내가 아닐 수 없다

지금 네 앞에서
주섬주섬 너의 그림자를 입고
단추를 채우고 있는 나는
나이면서 동시에 네가 아니다

빗줄기 너머
먼 풍경을 가늠할 뿐, 너는
온전한 내가 아니다
나 또한 온전한 너일 수 없다

너와 내가 하나라면

하나는 여럿이다
그러므로 너와 나는
연인이 아니다

익숙한 타인일 뿐
하나의 연인은 없다

The illusion* — 불

'매일 밤 12시가 되면 난 조금씩 슬퍼져.'

왼손잡이 젊은 마술사
쓱쓱 화첩에 어린 무희를 그려 넣는다
그림 속의 무희가 도화지 밖으로 뛰어 나온다

'모두가 잠들었을 때 홀로 깨어 있는 사람은 아픈 거야.'

붉은 실크 드레스를 입은 무희 환한 어둠 속에서 숨도 쉬지 못할 침묵의 소리들 가닥가닥 낚아 올린다 빙글빙글 돌다 깊숙이 가라앉았다 다시 솟구쳐 오른다 사람이든 사물이든 닥치는 대로 집어삼키며 마침내 하나가 된다

불이야, 오
불이야, 미친

'늘 한 발 늦은 후에야 이마를 치는 우리의 단단한 오성

悟性.'

출생이 잠이 혹은 뜻밖의 만남이 엉키어 층층이 포개어진 아파트 구박덩이 며느리 등에 업혀 연무 속을 겨우 빠져나온 14층 안노인이 기뻐한다

목마를 탄 여자 아이도 무희의 춤사위에 신이 난 듯 아빠의 어깨를 흔들어댄다

놀란 이웃들 잠결에 모처럼 환하게 웃으며 서로 근황을 묻는다

나이 사십에 이미 두 다리를 잃은 13층 남자가 까맣게 실려 나온다

'삶은 옆구리에 돋는 가시연꽃.
실수였을까, 아니
실수를 가장한 고의였을지도.'

무희가 지나간 자리

가지처럼 캄캄했을 한 생이 지나간다

마술사는 급히 화첩을 넘겨
부리가 뭉툭해진 새 한 마리를 그려 넣고
도화지속 새는 날아올라
새의 그림자
마술사의 머리를 딛고 천천히
달 속으로 빨려 들어가고 있다

* 이은결 마술쇼의 타이틀

아카시아 꽃 먹기

INFORM: 꽃은 잘 벙글어 또렷하고
스스로 긍지가 있는 것이라야 한다

새벽이슬에 전신을 담가
말간 얼굴 내미는 꽃송이들

낮달을 부셔놓은 듯 새하얀
찹쌀가루 한 줌 성장盛裝시켜
어우러지게 흔들어 놓고
황홀한 눈빛으로 잠시 바라보기

CAUTION: 이때,
허락된 것 이상을 꿈꾸어서는 안 된다

꽃이 익어가는 동안
오로라 같은 김 오르면
적당량의 향수鄕愁도 잊지 말 것

〉

식은 후라도 좋지만
따끈할 때 꺼내어
한 입 크기로 떼어 먹는다

PS: 그리운 이여, 아시는가
아카시아 꽃 피어 향그런
고향은 버펄로우 같아서
멀찍이 물러나 있어야 잘 보인다는 것

가을 어름

하늘이 너무 파래 눈물이 난다며 늦매미가 울고

식탁 위 산국山菊은 오지그릇 속에서 더딘 향기로 말을 걸어오고

약혼 시절 떠올리나, 무릎 삐걱이는 평상의 노인들 막걸리 한 사발에 불콰해지고

여름 물리듯 한 생 살다 보면 박수 받을 이별도 있는 거라며 풀밭에서 목청 높이는 귀뚜라미들

들판에는 욜그랑살그랑 곡식 여무는 소리

아무리 걸어도 제자리에요, 나는 정말
어떤 노래로 이 가을의 귀를 터서 안으로 들어가야 할까요?

사랑 2

나비 갖고 싶어,

손목 아픈 것을 잊고
내가 매달려 조르면

그래, 그래

손목 아픈 것도 잊고
너는 어여쁜
나비 한 마리 만들어주고

보고 싶은 대로 보고

비가 오고 나서는
민달팽이들 느릿느릿 기어 나오고
지렁이도 끄나풀 같은 몸
빗물에 잠겨 숨 멎을까
요리조리 마른 데로만 울며 돌아다니고
산에 오르면
여러 그늘마다는 아버지 손등처럼 버섯이 패어

어느 골짝에서 떠내려 왔는가
반짝이는 돌들

돌 하나를 주워다
내가 잘 아는 개복숭아나무 아래 보이게 두고
누구 좋은 사람 가져가라, 해도
다음 날 나무 밑을 살펴보면 그냥 있고
또 그 다음 날도 잰걸음으로 가 들여다보면
그대로 있고

〉

누가 더 볼 것 같지가 않아
집으로 가져와 흔들어보면
돌이라는 건가,
접시 물에 담가두면 아주 조금씩 자라난다니
돌이란 말인가

돌이 자라는 걸 보면 흐뭇하여
그러나 정말 자란 게 맞나 뒤집어도 보고
어림짐작으로 재어도 보고
결국 보고 싶은 대로 보고

비 온 후나
그러하지 않은 후나
일상이 이러하다니

본능적으로

감지되나,
본능이라는 거
거슬러 올라가보면
선사시대 적부터라나

꼭두새벽에 일어나
남의 식구 밥 지어주느라
그러니까 그게 내 식구 먹이는 방도라
붉은 도마*에 종일 칼질하다
돌아와 누우면
불길에 손바닥마저 발갛게 익어
세상모르고 곯아떨어지는 거라

예나 지금이나
한 치 앞만 나서도 짐승들 들끓어
혹여 제 여자 못 지켜낼까
잠결에서도 동굴 속이 쩌렁쩌렁하게

코골이로 겁을 주었다는 거지

아침이면 부스스
잠 설친 아내가 물었다네
— 여보, 어젯밤에는 짐승들
몇 마리나 쫓아 보냈어?

* 김광선의 시집 제목

동백꽃 전단지

꽃의 내부를 골똘히 들여다보던 계집아이의 생각이 비로소 환해진다

새우등진 아낙네들 보얗게 분칠을 하고 입술에 핀 꽃을 가리며 웃는다

야만의, 오백 년 고비 고비 다시 살아도 흐트러지지 않는 저 빛깔

단단한 나뭇가지의 결박을 풀고 속마음 드러낸 꽃송이들, 손 내미는 이 없으니 다투어 몸 던지며 끝내 비명을 삼키는데

꽃이 질 때마다 언뜻언뜻 흔들리는 동백정 누 아래 기둥들

하나 둘씩 솜사탕 막대기처럼 꺾인 마음들이 동백나무

붉은 그늘 속으로 몰려들고

똑똑 치마폭에 꽃을 따 넣으며 숲을 걸어 나오는 아이, 아이는 돌아가는 길을 기억할 필요가 없다

한 무리 꽃처럼 따사한 그늘이 되어준 내 어머니들이 봄의 비탈을 내려서고 있다

지고 뜨는 마음들이 동백꽃 전단지 되어 이리저리 흐트러지는 오후 한때

꽃자리

까짓, 허물어버리기로 했네
어머니에게 물려받은 단 하나의 유산
내 몸 그늘지고
가장 구석진 자리에
번지수를 가진 집 한 채

정육점 고깃덩이처럼
배꼽 밑에 표시된 푸른 동그라미와
손목에서 달랑거리는 꼬리표
장롱은 미리 정리해두었지
달거리도 귀찮아, 차라리 잘 되었다고
누구에게도 들킨 적 없는 마음
수술대에 뉘였네

이제는 내 안에
비린 꽃씨 한 톨 들여놓을 관용도
베풀 수 없는 거라는데

문서 한 장 없이 저희 둘
열 달 기숙했던 작은 방 거두어간 이에게
고마워하는 아들들

그래, 너희가 꽃이지
모두 빠져나와
잠시 밖이 된 우리 집
어서 돌아가
화분에 물부터 주어야겠네

문자 메시지

매일 아침 9시,

너는 기도하고
너는 웃으며
나를 위해 숨겨놓은 꽃다발과
탱글탱글한 햇살과 마루 끝
붉은 입맛 돋우는
피아졸라*의 사과를 깎아 내오지

만질 수 없는 너는
내 등 뒤의 슬픔

나는 실눈 뜨고 일어나지 않다가
그 사과를 한 입 받아 물고
손가락 글씨로 유리창에 짧은 답장을 하지

"참, 고약한 봄이네.

어서 지나가라!"

* 탱고의 아버지 피아졸라는 매일 아침 아내가 내어주는 사과로 하루를 시작했다고 함.

나무는 휘어질 때 제 그늘부터 껴안는다

아홉 구비 구봉산
꼭대기는 늘 바람이 잦다

누구신가
이 바람 많은 산꼭대기
마늘을 이고
헐떡이며 걸어 올라와
수북이 껍질을 남기고 간 사람은

은은하게 하모니카 소리
돌아 나오던 자리
아, 가슴 틀어쥐고 한 여인
한숨 같은 메아리 남기고 간
그 자리

매운 기억이 있었을라나
껍질 벗어 던지고

조금은 가벼워졌을라나

세상 모든 화살이 한 사람을 향할 때
그 사람만은 부디 자신을 쏘지 않기를
나무가 휘어질 때처럼
제 그늘 먼저 껴안을 수 있기를

가위눌리다

는개비 내리는 오후
설핏 잠이 들었던가

죽은 족제비 냄새를 풍기며
알 수 없는 기운이 나를 채가려 해
어쩌다 장군봉에서 나온다는 야차인지도 모르겠어 아니면
내가 젓가락처럼 야위어서 먹어버린
넌출넌출 허리띠처럼 빨랫줄에 걸려있던
화사 능사 까치독사일까

— 날 그만, 내버려둬요!
손사래 치며 냅다 소리를 지른 것도 같은데
사방은 고요하고
아무도 나와 보지 않았어
집 앞 늙은 대추나무가 품을 내어주었지
찌든 담배 냄새가 났어 익숙한

〉

— 난 잘못이 없어요,
사루비아 꽃 속에 숨어 놀다가
나비처럼 꿀을 훔친 것 말고는.
꽃잎은 달고
꽃 그림자 붉게 어룽대는데 정말이지
아무도 못 본 줄 알았어
목까지 꽃물 차올라
슬그머니 바지 내렸던 것

— 아니, 얘가 무슨 일이라니?
아버지의 걱정어린 목소리와
킥킥, 언니 오빠의 웃음소리
내 목을 더욱 조여 왔지
답답했어

— 누가 나 좀 깨워줘요, 제발!

더는 달아날 수가 없어
대추나무 꼭대기에서 추락하며
한 가지만 생각했어
아래로 떨어지는 꿈은 키가 큰다는
낮고 또렷한 아버지 음성

축축한 군용 담요 위에서 차마 눈 뜨지 못했던
그날, 는개비 속에서 나는 얼마나 키가 컸을까

어제는
바닥이 보이지 않는 캄캄한 물 밑으로
이윽히 이윽히 가라앉는 꿈

쉐도우 복서shadow boxer*

1.
이 바람의 수를 읽어내야 한다
호시탐탐 내 뒤를 노리는
무릎을 꺾으려는 적의를

피할 수 없다
사방이 거울이고 링이다
언제 어디에서 펀치가 날아올지 모른다
사라졌나 싶으면 다시 나타나
흠칫 놀라 뒤돌아보게 하는
가상의 적들

최선의 방어는
피하지 않고 온몸을 내어주는 것
내 최대의 공격은
입 닥치고 말없이
적의 짐을 들어주는 것이었으나

2.

스파링 상대는
전무후무한 강한 놈이어야 한다
호랑이를 물리치지 못한다면
고양이쯤 잡을 수 있을 테니까

이빨은 감추어두기로 한다

3.

미끄러운 거리를 떠돌다
버스를 타고 가끔은
내려야 할 곳에서 내리지 못한다
집으로 이어진 길을 잃고 헤매기도 한다
막다른 골목 담벼락까지
나보다 더 환한 빛으로 따라붙는 보름달
냅다 걷어찼던가

헛것에도 머리칼 쭈뼛 세우며
선방이다
내 생의 거울에 깃드는
그림자들 향해
눈알 번득이며 잽을 날리는
나는 복서다

4.
앨범 어디에도 함께 찍은 사진이 없는
내 아버지 어머니
다만, 감나무 아래에 앉아
흰 수염 쓰다듬으며 골독거리며
싸리나무 울타리를 헤집고 말질하는
병아리나 세어 보던 아버지
몇 안 되는 기억 속에서
독한 벌 한 마리 입에 문 듯
통증으로 일그러진 이머니

뒤란의 놋대야 속에는
어머니가 쏟아놓은 붉은 작약 같은
병이 홍건했다

거울 속에 갇혀서
유년의 가파른 산 넘듯
나를 넘는다
하루가 끝나는 저녁마다
나를 공격했던 나를 여읜다

5.
왼쪽인가?
아니, 오른쪽?
몸을 낮추고
나뭇잎을 건너는 산들바람에도 소스라치지만
어림없지
그거 아나?

살구꽃을 살구이게 하고도
이울지 않는 봄날 햇살의 이법

삶은 무거운 상징이라네
초저녁 어둠은
거미에게 집 한 채 내어주고
더 많은 비밀들을 거느릴 테지

6.
내가 많아질수록
그림자도 수가 늘어

더 많이 쓰러뜨려야 한다

방심은 금물이겠지만
마술사**처럼
눈에 보이지 않는 것을 드러나게 하고

보이는 것을 감쪽같이 숨길 수 있다면……

7.
나무늘보가 되고 싶었지
일생을 한 나무에 매달려
뒹굴뒹굴 놀고 먹고 자고
마침내 회색 외투에 이끼가 드리워져서
나무와 같은 초록이 되어서
나조차 나인지 나무인지
분간할 수 없을 때까지

고누고 겨루며
끝없이 맞물려 돌아가는
나我들,
시간의 부속품들

* 가상의 상대를 대상으로 혼자 권투 연습을 하는 사람
** 빌 벨린저의 소설 『이와 손톱』 중에서

제4부

소나기

바람부터 오는구나
바람 껴안고 오는구나
소란스레 호두나무
잎사귀 밟고
빗자루 타고 내려오는
심술궂은 마녀처럼
호두를 떨어뜨리려
심장을 흔들어 꺼내가려

사랑이 올 때도 이러하겠구나

봄날 아침, 종달새를 걱정함

햇머위 따러
햇머위를 따서는
수 세기가 지나도 가슴 뛸
좋은 사람 먹이려
옛 집터 장독대
조붓한 오솔길 돌아
얕은 산 끌어안고
산벚꽃잎 날아와 무덤 위로 쌓이는 걸
물끄러미 보다가
덤불 속 종달새 둥지 한 채 찾아내고는
저도 신기하여 사진으로 담아와
늦잠 든 각시
살며시 깨워 보여주는데
외눈박이네, 손사래 치는 각시는
초록 저고리 다홍치마 각시는

꿈인가 꿈밖인가

둥지에 알을 나서는
눈도 못 뜨고 칭얼대는 노란 입속에
번갈아 작은 벌레 물어다 넣어주며
혹, 뻐꾸기 알은 아닐까
둘이 근심 근심 하다가
이마에 구슬땀 흘리고 일어나 앉아
머윗잎이 쌉쌀하다고
머윗잎이 참 쌉쌀하다고

오디션은 없다

1.

너는 다리가 너무 많아
몇 개 잘라버리고 오면
점수를 더 주지

너는 땅바닥을 기어다니니
그림자가 없구나
징그러워
걷거나 날아보렴
훨씬 더 멋질 거야

2.

잎이 흔들릴 때는
바람에게 물어야 하나
나무에게 물어야 하나
저마다의 목소리로 노래할 뿐인데
숲에 들면

숲의 정령이
시장 속을 걸으면
너절한 주관의 잣대가
목청을 더 가다듬어보라고
잘했으나 매력은 없다고

3.
부끄럽고 치사하고
때로 비겁하게
무릎 꿇을 일도 있을 터
바닥 들키지 않게
반짝이는 포장지 입혀
리본 달아 묶어내지 않으면
여지없이 탈락 위기
시선은 인간의 찌꺼기*일 뿐
점수를 매기는 눈초리가 없다면
더욱더 자유로워지리라

4.

턱 괴고
참가자 앞에 앉은 사람들
찬사를 보내거나
최대한 점잖게
야유하거나
찔끔 눈물을 흘리기도

무결점의 완성된 삶이 있을까
신 앞에 서면 모두 다
평등한 참가자들
다음 단계에 오를 적자適者
누구라서 감히 골라내겠나

5.

멋지게 살지 말기로
아마도 벌레나 뱀처럼

〉

삶의 맨 꼭대기는 죽음
기를 쓰고 결승전에 오르려 하다니

타인의 입맛에 맞추어
옷을 갈아입고
새 구두를 신고
흔들리는 장대 끝
한쪽 다리로 서서 꿈꾸는 일도
그만두기로

주먹 꽉 쥐고
흰 종이처럼 웃는다
그러니 내버려두라
마음대로 춤추고 노래하게 하라
생의 오디션은 없다, 브라바

* 발터 벤야민 『일방통행로』 중에서

나비 포옹

가르쳐 줄까,
자신을 끌어안고
사뿐 날아오르는 법

잡다한 근심 내려놓고
아홉 겹 구름 위에
누워 있다 상상해 봐

숨을 깊이 들이쉬었다
편안하게 내쉬어

첫 눈(植)이 필 자리야
너의 가슴을 두 팔로
꼬옥 감싸 안아 줘

시린 손 엎어 동시에
양 어깨를 토닥토닥

〉

어때, 쉽지

더러 휘청일지라도

달아나지는 마

붓꽃 사이

비설거지 마치고
홀로 나선 저녁 산책길
고양이 입속처럼 비릿한
물가에 꽃이네
세상의 잡다한 슬픔과 눈 맞추는
노랑 붓꽃

이방인의 내밀한 욕구로
낯선 집 대문을 밀치듯
살며시 꽃잎을 여네
푸른 혈관 따라
꽃의 자궁에 이르기까지
하강

무엇 하나 의식하지 않고
시시한 농담에도 뒹굴며 웃던
내가 보이네

어린 손바닥 위
딱정벌레도 보이네
좌절과 분발을 되풀이하지 않아도 좋을
삶은 이미 오래전부터 내게
그저 유희였기를

돌아와 나는
붓꽃 사이 꼼짝없이
시간의 거미줄에 걸려든 채
마모되어가는 작은
날것들의 날개를 들여다보는 일
잊지 않지

아라비안 댄서

죄도 마르고
낙타의 눈물마저 말라버리고
사막에 어둠이 몰려오면
아라비안 나이트다

하렘의 술탄*이여,
쓰러질 듯 허리 휘는 관능
흐르듯 매끄러운 저
맨발의 곡선을 보아라
그녀를 기만하는 것은 검은 베일이 아니라
거친 모래 바람이 아니라
그대의 뜨거운 입김이다

기억하라,
자우룩이 들어차는 일몰의 빛깔과
반짝이는 옷 속에 갇혀버린 그녀의 꿈
그녀의 푸른 절망을

〉

오늘 밤 피로한 그녀는
배꼽 아래 예리한 칼날을 숨겨두고
깃발처럼 끓고 있는 것이다
저를 베는 데 열중하는 것이다
통틀어 단 하나 뿐인 사랑,
그대라는 종교를 거부하기 위하여

* 고대 이슬람 왕국에는 군주인 술탄을 제외한 금남의 집, 하렘이 있었고 수천 명의 하녀들이 어릴 적부터 발탁되어 왕궁에서 춤을 추거나 요리를 하는 등 잡다한 일들을 하며 오직 술탄을 위한 삶을 살아야 했다.

금환일식金環日蝕

프러포즈를 하려거든 당신, 먼저
나를 그윽한 눈빛으로 바라봐주어야 해요
온종일 미모사 잎을 찾아다니다
선 채 잠이 드는
나는 두려움 많은 기린이어요

하지만 글쎄요,
꽃을 보고 감탄하는 재주밖에 없는 내게
당신 결혼해달라면
꼭 한 번은 짐짓
글쎄요, 생각해 보겠어요
라고 말하겠어요

단정하게 검은 수트를 차려 입은 당신
좀 헐거우면 어때요
내게 주고 싶다던
저 달그림자로도 가릴 수 없는

눈부신 황금 가락지
없으면 또 어때요

나는 기꺼이
네, 라고 대답하겠어요
언제까지나 나를 감싸 안아줄 사랑이라면
내 손길 닿아도 당신
사라져버리지 않을 거라면

반영

— 주산지에서

홀린 듯 먼 산 다가와
성큼 걸어 들어간다

산 너울도 내려와
희디 흰 손 담근다

선 채 외로 고개 돌린
백 년 수장水漿 왕버들

바람은 여기에서 멎고,

물 위를 걷는 것은 나인데
못 속에 비치는 또렷한 얼굴

닮았으나 젖지 않은 내 아들들
흔들림 없는 대지의 그림자들

여우가 포도를 바라보는 법

아무리 애써봤자
나무가 너무 높아
따먹을 수 없으면

포도는 시다
포도 따위
저열한 것들이나 먹으라지

귀에 닿을 듯 주렁주렁
잘 익은 포도를 보면
게다가 주인까지 없으면

포도는 정말 달콤해

외도

길은 어디에나 있었다 다만,
눈 뜨고 눈 감는 사이 숨어있던 것일 뿐

섬은 저만치서 한 발자국도 움직이지 않았다
푸른 몸을 일으켜 따라오며
새하얀 레이스 자락을 펼치던 바다는
내가 그 길을 채 지나기도 전
재빨리 잡아당겨 실을 풀어버렸다

처음 보는 낯선 꽃과 나무들
둥그렇게 가로막힌 자유
발등에서부터 모르는 사이에
전신을 적시는 안개처럼
우리는 서로의 빛깔에 물들고 있었는데

멀리서는 보이지 않던 사소한 것들이
서로를 짓누르기 시작했다

조금씩 헝클어지는 길들
더 많이 사랑하면
더 많이 물드는 것

섬은 늘 제 안에 있기를 바랐다
사랑은 가두어 소유하는 게 아니라 놓아주는 것
그냥 그대로 두었어야 했다
섬은 섬인 채
나는 나인 채
나무도 꽃도 가꾸지 말고
바람조차도 옮겨 놓지 말고

돌아오는 길은 빠르고
귓가에 파도 소리
사랑하라, 사랑하지 마라
사랑하라, 사랑하지 마라

두리번거림

여기 저기 봄이다 다투어 잊혀질까 색색의 꽃들 흐드러져 발목을 잡고 이 산 저 산 어깨춤으로 단속곳 속속곳 다 들춰 보이는 은근한 바람에 숨이 콱콱 막히는, 이래저래 봄이다

지난겨울은 내려앉을 데를 알지 못하여 어리둥절해하던 눈발과 내가 다르지 않았다 나는 아예 밖으로 난 문이란 문은 다 걸어 닫고 벽처럼 오래 침묵하였다 못 속에 잠긴 달도 서늘한 몸 뒤척이며 말이 없었다

이렇다 할 변변한 이유가 없었다 세상을 거스르지 않으므로 조롱 받을 일도 없었고 간간히 나를 불러내던 휘파람 소리도 그대로였다 다만, 어쩌다 숨어들어가 해질녘까지 울던 유년의 다락방이 그랬듯 모습을 드러내지 않아 맞서 싸울 수 없는 무언가가 등 뒤에서 나를 불안하게 했을 뿐

〉

까치둥지처럼 높기만 한 이상理想을 가졌으나 알겠다, 온통 캄캄하여 발아래 그림자조차 나를 버릴 때 비로소 반짝이는 별들과 눈 맞출 수 있다는 것, 무심한 태양 지붕 위로 떠오르면 다시 놓아주어야 한다는 것

거기, 누구신가요? 나의 봄은 고양이 걸음으로 꽃잎을 열고 있는데 유독 그리운 것은 사람, 삐걱거리는 덧문 사이로 흘러들어오는 벚꽃 문장들 풍문은 아니겠지요 꽃달임가자, 올봄에는 꼭 꽃달임가자고요

상사화

이만큼 앞서 와있다고
어서 따라오시라고

들리지 않는 말
손짓으로 바람에게 전하고

이 생 다하기 전
한 번만이라도
그대에게 가 닿고 싶은 마음
당치않은 욕심일지

가지 마시라
부디 기다리시라

서쪽 하늘가
메아리로만
대답하는 사람아

어땠을까, 시詩야

한 살이 된다면 좋겠어
걸음걸이부터 다시 배우게
똑바로 걷는 거 말고
매끈한 길로만 걷는 거 그것도 말고
시집이니 소설책 나부랭이 집어치우고
어려서부터 그냥 치기나 부리며 놀았더라면
머리 쥐어짜는 일 따위
동네 이장이나 언니 오빠에게 맡기고
꽤 늦도록 별을 쳐다보는 대신
바지춤 접혀 내려가든 말든
들입다 코를 골며 잠이나 실컷 잤더라면
글쟁이는 가난하게 사는 거라고
약대 가서 약사 하라고
큰오빠 말대로
짙은 립스틱에 허리 드러나는 옷 입고
딸기 아가씨에나 나갔더라면
몸값 훌쩍 뛰었을라나

일없이 롤러장 고고장 전전하며
남학생 꽁무니 쫓아다니며 놀던
싹수 노랗던 애들 다 잘 살더라
조금은 비겁할지라도
그때 그 신발끈 묶어주던 사내
넉넉한 등 뒤로 숨어버렸더라면

네가 내 옆에 있으면
난 아무것도 모르게 돼

해설

네 겹의 포엠그라피(poemgraphy)

김정숙(문학평론가, 충남대 교수)

프로메테우스는 인간에게 불을 주었다는 이유로 독수리에게 간을 쪼이는 형벌을 받았다. 더 큰 가혹함은 형벌이 멈추지 않고 지속된다는 그 '영원성'에 있다. 그렇다면 어느 순간 티끌처럼 사라질 유한한 존재인 인간에게도 감당해야 할 몫이 있을까. 인간에게 놓인 그것을 이미숙 시인은 어깨에 놓인 '짐'이라 여긴다. 그의 두 번째 시집 『나비포옹』은 자신에게 부여된 생의 의미를 탐색해야 하는 임무를 수행하려는 것처럼 다가온다. 받아 안은 등에 진 꽃 짐 때문이다. 운명적인 것이든 만들어진 것이든 "삶이라는 게/등에 꽃 한 짐/우레 한 동이 이고 가는"(「시인의 말」) 일이라는 인식은 인간이란 존재를 다시금 생각하게 한다는 짐에서 의미 있는 시적 여정이다. 이러한 인간에 대한 성찰은 시간에 대한 의식으로부터 시작된다.

지구별에서는
아기 넷이 다른 지문을 갖고 태어나고
싹을 틔우기 위해
흙 속에 발을 묻는 사람도 있지
핫도그 5백 5십 개를 먹어치우고
백 번도 넘게 번개 다녀가는 동안
어둡고 갑갑해도
그냥 기다리는 거지
꽃을 피우려면
햇살과 바람과
한 모금 눈물이 필요해
서로 주고받는 이메일이 2억 개
꿀 따는 벌들의 날갯짓이 2백 번
벌레 든 꽃잎을 떼어내는 데 걸리는 시간
나의 하루는 8만 6천 4백초
싹을 틔우고
꽃을 피우고
그 꽃의 한 생을 기록하기 위해
목을 가다듬어 맵시 있게
한 음절 신음 소리를 만들어낼 뿐

끙,
순간
또 다음 순간에도

—「1초 간」 전문

시집의 첫 장에 자리한 「1초 간」은 좀처럼, 대체로, 관심 두지 않는 1초라는 '순간'에 일어나는 일들을 열거한다. 운명이 다른 아기 넷이 태어나고, 햇살과 바람과 한 모금 눈물로 어둡고 갑갑한 터널을 통과한다. 꿀 따는 벌들의 반복되는 날갯짓과 다른 생을 예비하듯 한 생을 살다 흙 속에 발을 묻는 일, 목적 없이 무심히 기다리기도 하며 안부를 주고받는 이 모든 일들이 "꽃의 한 생을 기록하기 위해" 행해지는 것이라면 주어진 순간순간을 산다는 것은 그 자체로 얼마나 소중한 일인가. 한 사람의 인생은 관계, 기억, 시간과 공간, 경험과 사유 그리고 제도에 이르기까지 중층적으로 형성된다. 이어지는 시편들은 "생의 모서리" 어디쯤을 지나고 있는 인생의 목록들을 형상화하고 풀어가는 일에 집중한다.

그림자, 내면의 시간

시집 속 세계는 대체로 평온하다. 계절이 바뀌고 꽃이 피고 지는 동안 시인은 두 아들을 키워냈으며 소소한 일상을 살고 있다. "욕심껏 세상을 넘지 못하여/채송화처럼 엎디어 울다" 돌을 던지거나 "길고 긴/슬픔에 눈 밝은 초록뱀처럼"(「강의 등이 휜 까닭은」) 휘어지면서 내면을 형성해 왔다. 그런 한 켠에 눅진한 슬픔과 어떤 열기가 배어 있다. 시인은 생명을 품었던 '꽃자리'를 비워내며 유년과 모성의 시간에서 벗어나 또 다른 시간을 준비하는 듯 보인다.

1.
이 바람의 수를 읽어내야 한다
호시탐탐 내 뒤를 노리는
무릎을 꺾으려는 적의를

피할 수 없다
사방이 거울이고 링이다
언제 어디에서 펀치가 날아올지 모른다
사라졌나 싶으면 다시 나타나
흠칫 놀라 뒤돌아보게 하는
가상의 적들

최선의 방어는
피하지 않고 온몸을 내어주는 것
내 최대의 공격은

입 닥치고 말없이
적의 짐을 들어주는 것이었으나

4.
앨범 어디에도 함께 찍은 사진이 없는
내 아버지 어머니
다만, 감나무 아래에 앉아
흰 수염 쓰다듬으며 콜록거리며
싸리나무 울타리를 헤집고 말질하는
병아리나 세어 보던 아버지
몇 안 되는 기억 속에서
독한 벌 한 마리 입에 문 듯
통증으로 일그러진 어머니
뒤란의 놋대야 속에는
어머니가 쏟아놓은 붉은 작약 같은
병이 흥건했다

거울 속에 갇혀서
유년의 가파른 산 넘듯
나를 넘는다
하루가 끝나는 저녁마다
나를 공격했던 나를 여읜다

—「쉐도우 복서shadow boxer」부분

시「쉐도우 복서shadow boxer」는 한 편의 모노드라마다. 시인은 '나'의 정체성을 알기 위해 '그림자'를 소환한다. 그리고 쉐도우 복서가 되기로 마음을 다잡는다. 살아있는 존재에는 그림자가 있다. "내가 많아질수록/그림자"의 수도 늘어난다. 분석심리학에 따르면 그림자는 나를 형성한 시간들의 흔적이며 어두운 내면의 형상이다. 이 시는 그림자의 연원이 어디에서 비롯되었으며 어떻게 어디로 나아가고 있는가를 묵직하게 보여준다. 그림자를 대면하는 일은 유년의 기억에 닿아 있다. 내가 누구인가를 찾기 위해 나는 함께 찍은 사진이 없는 아버지와 어머니를 떠올린다. 기억은 아버지의 콜록거림과 병을 앓는 어머니의 통증의 시간으로 데려간다. 이것은 흡사 "바닥이 보이지 않는 캄캄한 물 밑으로/이윽히 이윽히 가라앉는 꿈"(「가위눌리다」)이다. 어렴풋한 장면에는 그리움과 죄책감의 음영이 드리워져 있다.

시집 속 '빈집' '외딴집'의 형상화는 부재하는 것에 대한 은유이다. 잡히지 않는 심연 혹은 무의식이라 부를 그것은 짙을수록 슬픔에 가까울 때가 많다. 지워지지 않는 기억이 거울에 되비치면 '나'는 그 속에 갇힌다. 나를 넘고 공격하고 여의는 반복적 행위는 가상의 상대를 대상으로 혼자 권투 연습을 하는 복서처럼 또 다른 나를 대면하는 고통인 동시에 넘어서려는 의지의 힘이다.

삼십 년 전 옛이야기 속 처녀를 떠올린 「민들레꽃 피다, 지다」는 그 생이 애달프게 다가와 오래도록 잔상이 남는다. 개짐 추단도 못하는 열아홉 처녀는 “멀리서 시커먼 괴물같이 생긴 것이/하얀 콧김 뿜으며 쿨렁쿨렁 달리는 걸 보믄/환장하게 좋아했었”던지 선로 가운데 민들레처럼 귀를 대고 엎디어 있다가 기차에 치이고 만다. 논둑에서 찾아낸 바른손의 민들레꽃은 온통 다홍빛이 되었고, 계룡역을 지날 때면 그 이야기가 다시금 떠오른다.

무엇이 처녀를 죽음 쪽으로 이끌었을까. 살면서 종종 목도하는 생의 불가해성은 인간은 어떤 존재인가, 산다는 일은 무엇인가 근본적인 질문을 하게 만든다. 선명한 핏빛과 찢겨진 여성의 몸, “소갈머리 없는 천치”는 합리적 이성으로 포섭되지 않은 비의적인 미지의 영역이다. 사라진 처녀, 사라진 전설, ‘사라진 약속’처럼 부재함으로써 현존하는 역설이 생의 진면목임을 느낄 수 있다.

여전히 시인은 ‘그림자’와 겨루는 고독한 싸움을 감행 중이다. 그는 “시간의 부속품들”인 “고누고 겨루며/끝없이 맞물려 돌아가는/나我들”(「섀도우 복서shadow boxer」)에 몰두하고 있다. “내 생의 거울에 깃드는/그림자들 향해/눈알 번득이며 잽을 날리는” “복서”가 되어 내가 많아질수록 늘어가는 그림자들을 더 많이 쓰러뜨리고 있다. 그 의지가 커질수록 시인은 그림자의 실체에 다가갈 수 있을 것이다.

가면, 타자의 시간

시인은 내면의 그림자를 응시하는 것과 동시에 그것을 억누르고 있는 세상의 시선과 규율과 가면을 쓰고 있는 현실의 나와도 대면한다. 시인은 조롱 받지 않으려 세상을 거스르지 않았고, "문이란 문은 다 걸어 닫고 벽처럼 오래 침묵하였"(「두리번거림」)던 것에 말 걸고 있다. 이제 시인은 사회적 가면을 쓴 타자에서 자유로워지고자 한다.

3.
부끄럽고 치사하고
때로 비겁하게
무릎 꿇을 일도 있을 터
바닥 들키지 않게
반짝이는 포장지 입혀
리본 달아 묶어내지 않으면
여지없이 탈락 위기
시선은 인간의 찌꺼기일 뿐
점수를 매기는 눈초리가 없다면
더욱더 자유로워지리라

4.
턱 괴고

참가자 앞에 앉은 사람들
찬사를 보내거나
최대한 점잖게
야유하거나
찔끔 눈물을 흘리기도

무결점의 완성된 삶이 있을까
신 앞에 서면 모두 다
평등한 참가자들
다음 단계에 오를 적자適者
누구라서 감히 골라내겠나

5.
멋지게 살지 말기로
아마도 벌레나 뱀처럼

삶의 맨 꼭대기는 죽음
기를 쓰고 결승진에 오르려 하다니

타인의 입맛에 맞추어
옷을 갈아입고
새 구두를 신고
흔들리는 장대 끝

한쪽 다리로 서서 꿈꾸는 일도
그만두기로

주먹 꽉 쥐고
흰 종이처럼 웃는다
그러니 내버려두라
마음대로 춤추고 노래하게 하라
생의 오디션은 없다, 브라바

―「오디션은 없다」 부분

홍미와 경쟁을 동력 삼아 성행하고 있는 '오디션' 프로그램은 어딘가 불편하다. 오디션 참가자를 향해 예술적 전문성을 부풀리듯 평가하는 심사자들의 "너절한 주관의 잣대" 때문이다. 최근 투표조작으로 충격을 주었던 일은 우리 시대의 비틀린 욕망을 보여준다. 우등과 열등을 나누고 거수와 점수를 통해 참가자를 탈락시키는 현장은 비윤리적이다.

이는 비단 오디션 프로그램 현장에 국한된 것이 아니라 현실 속 치열한 경쟁사회의 투영이라고 할 수 있다. "티끌도 못 되는 내가 없으면/너라는 우주도 없"(「사라진 약속」)는 한 사람의 가치를 일방적으로 순위 매기고 차별하는 상황을 즐기듯 보여주는 장면은 가혹하다. 자본 시장이 가세되면 부끄럽고 치사하고 때로 비겁하게 무릎 꿇으며 포장하는 일도 서슴지 않게 된다. 권위에의 종속과 '탈락'의 두려움은 타인의 시선과 입맛으로 길들여진 감정 상태이다. 이러한 상황은 한때 버드나무 천변을 따라 자리했던 홍등가의 쇼 케이스에서 한밤의 거래를 기다리던(「유천동 소묘」) 여자들을 떠올리게 한다. "꽃들은 뿔뿔이 흩어지고/아틀란티스처럼/지금은 사라진 전설"이 되어버린 쓸쓸한 존재들은 어디로 간 것일까. 인간은 모두 "신 앞에 서면 모두 다/평등한 참가자들"이다. '죽음'이라는 거스를 수 없는 힘 외에 무결점의 완성된 삶에 대한 환상을 벗어나 본성과 개성을 잃게 만든 것들로부터 마음대로 춤추고 노래하게 하라고 시인은 힘주어 말한다. 이 시는 꿈과 희망을 펼칠 수 있는 무대가 아니라면 시선의 권력으로부터 과감히 넘어설 시각과 용기가 필요하다는 점을 보여준다.

이와 관련하여 '두리번거림'은 실체를 드러내지 않는 것과 맞서 싸울 수 없어 불안함을 의미한다. 동시에 자신을 둘러싼 것들로부터 벗어날 수 있는 기회를 엿보는 일이기도 하다. 오직 군주인 술탄을 위한 삶을 살아야 했던 아라비안 댄서를 "기억하라,/사우둑이 늘어자는 일몰의 빛깔과/반짝이는 옷 속에 갇혀버린 그녀의 꿈/그녀의 푸른 절망을//오늘 밤 피로한 그녀는/배꼽 아래 예리한 칼날을 숨겨두고/깃발처럼 끓고 있는 것이다/저를 베는 데 열중하는 것이다/통틀어 단 하나뿐인 사랑,/그대라는 종교를 거부하기 위하여"(「아라비안 댄서」) 결연해진다.

변증법, 자유의 시간

시인의 말처럼 생에 오디션은 없다. 그렇기에 매달리고 욕망하고 멋지게 살고자 타인의 입맛에 맞추어 흔들리는 장대 끝에서 위태롭게 꿈꾸는 것인지도 모른다. 반대로 생에 오디션이 없기 때문에 마음대로 춤추고 노래하고 내버려두어야 한다. 어느 것을 선택하느냐에 따라 삶의 궤도는 달라진다.

시편에 자주 등장하는 꽃은 시인이 지향하는 삶을 보여주는 매개의 존재들이다. 낮은 곳의 작은 채송화, 민들레꽃부터 분꽃, 치자꽃, 깨꽃, 사루비아꽃, 백일홍, 영산홍, 벚꽃, 자목련, 조팝꽃, 동백꽃, 상사화, 사과꽃, 산수유꽃, 아카시아꽃, 코스모스, 산국까지 소리 내어 부르다 보면 "꽃의 내부를 골똘히 들여다보던 계집아이의 생각이 비로소 환해진다."(「동백꽃 전단지」) 봄, 여름, 가을, 겨울의 산과 들과 강과 바다와 숲은 시인이 품고 시인을 품어 준 "세상의 잡다한 슬픔과 눈 맞추는"(「붓꽃 사이」) 자연이다. 길가, 숲, 들에 피어난 꽃들의 빛깔과 향기를 온전하게 느끼려는 마음은 자연 그대로 보고자 하는 마음의 발로이다. 봄이라는 시간과 초록빛을 머금은 이 꽃들로 하여 시인의 시심과 삶의 태도가 생겨났으리라.

시인이 노래하는 지구별의 존재들은 우연적이며 동시에

순환되고 있다는 인식의 확장을 경험하게 해준다. "까치둥지처럼 높기만 한 이상(理想)을 가졌으나 알겠다, 온통 캄캄하여 발아래 그림자조차 나를 버릴 때 비로소 반짝이는 별들과 눈 맞출 수 있다는 것, 무심한 태양 지붕 위로 떠오르면 다시 놓아주어야 한다는 것"에 공감하게 된다.

연인은 몸도
마음도 하나이다

너와 내가 연인이라면
너는 내가 아닐 수 없다

지금 네 앞에서
주섬주섬 너의 그림자를 입고
단추를 채우고 있는 나는
나이면서 동시에 네가 아니다

빗줄기 너머
먼 풍경을 가늠할 뿐, 너는
온전한 내가 아니다
나 또한 온전한 너일 수 없다

너와 내가 하나라면

하나는 여럿이다
그러므로 너와 나는
연인이 아니다

익숙한 타인일 뿐
하나의 연인은 없다

—「변증법에 기대어」 전문

살아가면서 자주 범하게 되는 동일시의 욕구와 억압은 존재성을 지운다. 동일자로서 타자를 소거하는 순간 엄밀히 주체도 성립할 수 없게 된다. 시인은 '변증법'에 기대어 나 또한 "익숙한 타인일 뿐/하나의 연인은 없다"는 인식을 통해 타자를 소거하지 않음으로써 존재할 수 있는 가능성을 이야기한다. 자유는 여기에서 발현된다. "굵은 한숨처럼 파고드는 빗소리 새와 나와 뒤죽박죽 엉켜버린 시간들이 한 몸으로 흐르는데 이상하다 자유하다."(「새의 노래」)는 감각은 그렇게 획득된다. 거울에 비친 내부와 외부, 내면과 현실의 상을 왜곡되거나 굴절 없이 바라볼 수 있게 되는 순간 존재는 주체적으로 변화한다. 이 과정은 너와 나의 실체를 인식한 또 다른 너와 나의 세계로 나아간다. 고유성과 개별성을 서로 인정하는 태도는 어느 것에도 구속되지 않을 자유의 역능을 지니게 한다. "구차한 핑계도 노릇도/다 그만두고/훌훌 바람이나 될까 말까//저기 저/꽃처럼 육

탈한/붉은 영혼"(「어름사니, 바우덕이에 관한 추억」)처럼, 노래하며 창공을 가르는 새의 자유로움처럼 말이다.

이런 자유로움에 이르기까지 시인은 꽃들의 전언과 봄밤의 생성의 시간과 자연의 이법과 그리움과 사랑을 부단히 기다리고 행한다. 시 속에 자주 등장하는 꽃들이 시인의 눈을 통해 있는 그대로의 존재성을 보여주듯 말이다. "나이면서 동시에 네가 아니"며 "너와 내가 하나라면/하나는 여럿"이라는 인식은 "꽉 찬 구멍으로부터/절절히 흘러나오는 이야기, 도道"(「한 손으로 소리를 짓는 사람」)의 실현으로 이어진다. 마침내 변증법을 통과한 시인은 "구멍은 허무가 아니"(「한 손으로 소리를 짓는 사람」)라는 통찰에 이른다.

> 가르쳐 줄까,
> 자신을 끌어안고
> 사뿐 날아오르는 법
>
> 잡다한 근심 내려놓고
> 아홉 섭 구름 위에
> 누워 있다 상상해 봐
>
> 숨을 깊이 들이쉬었다
> 편안하게 내쉬어

첫 눈(植)이 필 자리야
너의 가슴을 두 팔로
꼬옥 감싸 안아 줘

시린 손 얹어 동시에
양 어깨를 토닥토닥

어때, 쉽지
더러 휘청일지라도
달아나지는 마

—「나비 포옹」 전문

간힌 것들에서 훌훌 벗어나는 나비는 그리스어로 프시케라고도 한다. 마음과 영혼의 여신인 프시케는 저승에서 살아 돌아왔고 영원한 잠에 들었다가 깨어났으므로 고치에서 잠들어 있다가 재생하는 나비에 비견된다. 나비에는 '치유'의 의미도 담겨 있어 휘어질 때 제 그늘부터 껴안는 나무처럼 비로소 시인은 "자신을 끌어안고/사뿐 날아오르는 법"(「나비 포옹」)을 알게 된다. 때로 흔들리고 휘청거릴지라도 잦은 바람과 그림자 그늘을 품게 된 것이다. 프시케가 사랑의 신 에로스를 만나는 순간이다.

사랑, 시의 시간

아버지와 어머니의 부재에서 시인은 내면 깊숙이 외로움과 쓸쓸함을 지니게 된다. 바람과 그늘의 이미지가 불러오는 감각에 원초적인 그리움의 정서가 배어 있다. "내 몸/그늘지고/가장 구석진 자리에/번지수를 가진 집 한 채"(「꽃자리」) 허물어버리고 그 시간을 건너 이제 시인은 내가 진정으로 원하는 것이 무엇인지 깨닫게 된다. 사랑이다. 시인은 사랑이 없었다면 어땠을까 자문한다. 「첫사랑」「사랑 1」, 「사랑 2」와 「상사화」에서 발화되는 사랑은 "바람부터 오고, 바람 껴안고 심장을 흔들어 꺼내가려"(「소나기」)는 소나기처럼 온다. "사랑은 가두어 소유하는 게 아니라 놓아주는 것"(「외도」)에서 더 깊이 사랑하고 자유로울 수 있음을 전해준다.

한 살이 된다면 좋겠어
걸음걸이부터 다시 배우게
똑바로 걷는 거 말고
매끈한 길로만 걷는 거 그것도 말고
시집이니 소설책 나부랭이 집어치우고
어려서부터 그냥 치기나 부리며 놀았더라면
머리 쥐어짜는 일 따위
동네 이장이나 언니 오빠에게 맡기고

꽤 늦도록 별을 쳐다보는 대신
바지춤 접혀 내려가든 말든
들입다 코를 골며 잠이나 실컷 잤더라면
글쟁이는 가난하게 사는 거라고
약대 가서 약사 하라고
큰오빠 말대로
짙은 립스틱에 허리 드러나는 옷 입고
딸기 아가씨에나 나갔더라면
몸값 훌쩍 뛰었을라나
일없이 롤러장 고고장 전전하며
남학생 꽁무니 쫓아다니며 놀던
싹수 노랗던 애들 다 잘 살더라
조금은 비겁할지라도
그때 그 신발끈 묶어주던 사내
넉넉한 등 뒤로 숨어버렸더라면

네가 내 옆에 있으면
난 아무것도 모르게 돼

—「어땠을까, 시詩야」 전문

시인은 자신의 오토그라피(autography)를 다시 써내려 간다. 이것은 자신에 대한 이해이고 자신을 사랑하는 행위이다. 매끈한 길로 똑바로 걷는 것 말고, 공부와 제도에 몰두하는 대신 치기 부리며 놀고, 밤늦도록 별을 쳐다보는 대신 실컷 자며, 사회의 성공과 부유함과 조금 비겁하더라도 남자의 그늘에서 편안하게 살았다면 어땠을까 묻는다. 그때로 다시 돌아갈 수 없거니와 이루어질 수도 없고 바라지도 않는 '만약'의 가정이다. 시집의 마지막에 배치한 이 반어적 상황은 결국 시(詩)에 대한 사랑을 고백하기 위해서다.

곧 시인에게 사랑의 다른 이름은 '시'다. 시 쓰기를 통해 내면과 존재에 대한 맑은 평온함과 "네가 내 옆에 있으면/난 아무것도 모르게" 되는 시적 순간들을 보여준다. 시인은 "무엇 하나 의식하지 않고/시시한 농담에도 뒹굴며 웃던" "좌절과 분발을 되풀이하지 않아도 좋을/삶은 이미 오래전부터 내게/그저 유희였기를"(「붓꽃 사이」) 바란다. 여전히 비밀을 거느린 '무거운 상징'인 삶에도 불구하고 시인에게 "세상은/온통 놀이터"인 이유이다. 어쩌면 시인이 짊어진 꽃 짐의 시간은 역설적으로 축복이라 할 만하다.

시집 『나비 포옹』의 미덕은 "꼼짝없이/시간의 거미줄에 걸려든 채/마모되어가는 삭은/날섯들의 날개를 들여다보는 일"(「붓꽃 사이」)을 잊지 않는 생에 대한 애정과 태도에 있다. 살아간다는 것은 순간의 수많은 경험과 그 편린들을 조합하는 과정을 통해 한 음절 신음 소리의 '득음'을 갖게 되는 것이며, 그런 이유로 네 겹의 시간들을 통해 만난 시편들은 평온과 외로움 사이에서 환하고 자유롭다. 이번 경우 그림자가 또 다시 드리우고 어깨에 돌덩이 같은 짐을 감당해야 할 때도 있을 것이다. 그러한 순간이 오더라도 시인에게는 단단해진 마음의 근육이 있으므로 삶의 성장과 여정은 지속될 수 있을 것이다. 시집 『나비 포옹』은 무수한 1초의 순간들이 이루는, 이미숙 시인만이 써내려간 인생의 포엠그라피(poemgrphy)이다. 더욱 즐겁게 시 쓰며 나아갈 시인의 또 다른 시간이 기대된다.

애 지 시 선

002 붉디 붉은 호랑이 장석주 시집
003 붉은 사하라 김수우 시집
004 자전거 도둑 신현정 시집
005 정비공장 장미꽃 엄재국 시집
006 기차를 놓치다 손세실리아 시집
007 바람의 목례 김수열 시집
008 그리운 연어 박이화 시집
009 뜨거운 발 함순례 시집
010 정오의 순례 이기철 시집
011 그 남자의 손 정낙추 시집
012 즐거운 세탁 박영희 시집
013 구룡포로 간다 권선희 시집
014 좋은 날에 우는 사람 조재도 시집
015 여수의 잠 김열 시집
016 축제 김해자 시집
017 뜻밖에 박제영 시집
018 꽃들이 딸꾹 신정민 시집
019 안개부족 박미라 시집
020 아배 생각 안상학 시집
021 검은 꽃밭 윤은경 시집
022 숲에 들다 박두규 시집
023 물가죽 북 문신 시집
024 마늘 촛불 복효근 시집
025 어처구니 사랑 조동례 시집
026 소주 한 잔 차승호 시집
027 기찬 날 표성배 시집
028 물집 정군칠 시집
029 간절한 문장 서영식 시집
030 고장 난 아침 박남희 시집
031 하루만 더 고증식 시집
032 몸꽃 이종암 시집
033 허공에 지은 집 권정우 시집
034 수작 김나영 시집
035 나는 열 개의 눈동자를 가졌다 손병걸 시집
036 별을 의심하다 오인태 시집
037 생강 발가락 권덕하 시집
038 피의 고현학 이민호 시집
039 사람의 무늬 박일만 시집
040 기울어짐에 대하여 문숙 시집
041 노끈 이성목 시집
042 지독한 초록 권자미 시집
043 비데의 꿈은 분수다 정덕재 시집
044 글러브 중독자 마경덕 시집
045 허공의 깊이 한양명 시집